INITIATION AUX CIVILISATIONS

VIKINGS

MANGE, ÉCRIS, HABILLE-TOI ET AMUSE-TOI COMME LES VIKINGS

FIONA MACDONALD

Texte français de Marie-Carole Daigle

Éditions
SCHOLASTIC

Édition publiée par les Éditions Scholastic, 604, rue King Ouest, Toronto (Ontario) M5V 1E1.

5 4 3 2 1   Imprimé en Chine   09 10 11 12 13

Texte : Fiona Macdonald
Conception graphique : Liz Wiffen
Direction artistique : Zeta Davies

Catalogage avant publication de Bibliothèque et Archives Canada

Macdonald, Fiona
Les Vikings / Fiona Macdonald ;
texte français de Marie-Carole Daigle.

(Initiation aux civilisations)
Traduction de : Vikings.
Comprend un index.
Niveau d'intérêt selon l'âge : Pour les 8-12 ans.
ISBN 978-0-545-98793-6

1. Vikings--Civilisation--Ouvrages pour la jeunesse.
I. Daigle, Marie-Carole II. Titre. III. Collection : Initiation aux civilisations
DL66.M32314 2009   j948.022   C2009-900053-9

Références photographiques :

Légende : h = haut; b = bas; c = centre; g = gauche; d = droite; PC = Page couverture

akg-images : p. 6 hd : Jürgen Sorges.

The Art Archive : p. 4 bd : Musée préhistorique de Moesgaard (Danemark)/Dagli Orti; p. 8 hg, p. 20 hg : Musée de la Tapisserie de Bayeux/Dagli Orti.

Corbis : p. 28 hg : Charles et Josette Lenars.

Dorling Kindersley : p. 12 hd, p. 14 hd : Alan Keohane; p. 18 bg : Geoff Dann; p. 28 cb : Peter Anderson/Musée national du Danemark.

TopFoto : p. 26 hd.

Werner Forman Archive : PC, p. 16 hg : Universitetets Oldsaksamling (Oslo); p. 4 hg, p. 8 bd, p. 14 bg : Musée historique de Stockholm; p. 6 bg : Musée national du Danemark; p. 10 hg : Musée maritime de Bergen; p. 10 bg : Musée des bateaux vikings (Bigdoy); p. 16 bg : Musée des antiquités nationales (Uppsala, Suède); p. 18 hd, p. 24 h et b, p. 26 bg : Musée national, Copenhague.

Paul Windett, avec la permission de **Ydalir Vikings :** p. 12 bg, p. 20 bg, p. 22 h et b (www.ydalir.co.uk).

Les mots en **caractères gras** figurent dans le glossaire à la page 30.

Avant d'entreprendre une activité relative à la préparation de nourriture ou à une dégustation, les parents ou les enseignants doivent s'assurer qu'aucun enfant présent n'est allergique aux ingrédients. Dans le cadre d'une salle de classe, la permission écrite des parents peut être nécessaire.

La maison d'édition n'est pas responsable des liens ou de l'information qui figurent sur les sites Web de tiers.

TABLE DES MATIÈRES

QUI ÉTAIENT LES VIKINGS?

Les Vikings venaient de la Suède, de la Norvège et du Danemark. Vers les années 800 à 1100 de notre ère, ils sèment la terreur sur les paisibles côtes du Nord de l'Europe. Ils s'emparent de l'argent de leurs victimes, détruisent leurs maisons et leurs églises et en font des esclaves qu'ils vendent au marché. Cependant les Vikings ne sont pas que de simples bandits sans foi ni loi. Ce sont aussi de rudes marins, des **négociants** astucieux, d'adroits artisans et des explorateurs intrépides. Ils sont aussi des **colons** laborieux, qui bâtissent des fermes, des villages, des forts et même de petites villes.

Petite tête en argent représentant un guerrier viking, trouvée à Aska en Suède. Nul ne sait de qui il s'agit ni où il a combattu ni quand il est décédé.

Située au nord de l'Europe, la patrie des Vikings est entourée d'une mer hostile à l'est, à l'ouest et au sud, et des glaces de l'Arctique au nord.

GROENLAND — ISLANDE — NORVÈGE — SUÈDE — OCÉAN ATLANTIQUE — DANEMARK — RUSSIE — TERRE-NEUVE — Normandie

LE SAVAIS-TU?
VOICI QUELQUES MOTS D'ORIGINE VIKING TOUJOURS UTILISÉS AUJOURD'HUI : DRAKKAR, BIDON, CRIQUE, HARNAIS, CRABE ET MARSOUIN.

LES *JARLS* ET LES *THINGS*
Le territoire viking est d'abord régi par des nobles appelés **jarls**. Avec le temps, la population viking augmente, et les *jarls* les plus importants deviennent des rois. Les villageois organisent une fois l'an de grandes assemblées publiques, appelées *things*, au cours desquelles ils décident du fonctionnement de la collectivité.

Visage de monstre cornu à longue barbe, gravé sur une pierre trouvée en territoire viking, au Danemark.

LES AVENTURIERS VIKINGS
Les Vikings, qu'ils soient rois, *jarls* ou gens du peuple, parcourent de longues distances pour faire du commerce et découvrir de nouvelles terres. Lorsqu'ils s'installent quelque part, ils y apportent leur langue, leurs croyances, leurs traditions et leur savoir-faire. Encore aujourd'hui, bon nombre d'endroits en Europe portent un nom viking, et les langues européennes comprennent encore des mots d'origine viking.

DESSINE SUR UNE STÈLE COMME LES VIKINGS

Les Vikings racontent sur les pierres leurs exploits historiques et maintes légendes où figurent monstres et divinités. En cinq étapes faciles, apprends à peindre une pierre comme un Viking.

IL TE FAUDRA :
PIERRE LISSE OU GALET • PETIT BOL REMPLI D'EAU • CRAIE BLANCHE OU CRAYON BLANC • PEINTURE ACRYLIQUE • PINCEAUX • STYLO À ENCRE MÉTALLIQUE OR • VERNIS ACRYLIQUE OU MÉLANGE DE COLLE BLANCHE (TROIS MESURES DE COLLE BLANCHE MÉLANGÉES À UNE MESURE D'EAU).

1 Choisis une pierre lisse (ou un galet) que tu trouveras dans un parc ou dans ta cour. Lave-la à l'eau savonneuse, puis rince-la et laisse-la sécher.

2 À l'aide du crayon blanc, copie soigneusement sur ta pierre le monstre qui figure sur la page opposée.

3 Peins le visage en bleu, à l'exception des yeux et de la bouche. Peins la bouche en rouge et dessine un gros point blanc de chaque côté.

4 Peins les yeux en bleu pâle. Une fois la peinture bien sèche, passe par-dessus toutes les lignes à l'aide du stylo à encre métallique or.

5 À l'aide d'un pinceau propre, applique une couche de mélange de colle blanche en guise de vernis. Laisse sécher le tout, puis applique une deuxième couche.

Ta pierre peut servir de presse-papier. Tu peux aussi l'exposer sur une étagère. ▶

Savoir survivre

Les Vikings occupent le nord de l'Europe, une contrée où les hivers longs et neigeux sont suivis de courts étés. Pour survivre, ils cultivent l'avoine et l'orge et font l'élevage de moutons, de chèvres et de bétail. Ils ont aussi des vergers de pommiers et de pruniers et des potagers où poussent oignons, pois et choux. L'été, ils coupent l'herbe des champs pour la faire sécher; leurs animaux ont ainsi du foin à manger durant l'hiver.

La maison viking est faite de bois, de pierre ou de plaques de terre couverte de gazon (souvent appelée « tourbe »). Ces plaques de gazon servent aussi à faire les toits quand ceux-ci ne sont pas recouverts de chaume (paille séchée). On voit ici une réplique de demeure viking, dotée cependant de fenêtres modernes!

Le savais-tu?

Pour s'éclairer, les Vikings se servent de lampes à graisse de baleine. Pour rendre leurs chaussures et leurs gilets en cuir plus étanches, ils les frottent de « petit lard » (graisse de morse ou de phoque).

La quête de nourriture

La plupart des familles vikings vivent à proximité de la mer. Elles y pêchent de gros animaux marins, comme des baleines et des phoques. Les Vikings chassent aussi les oiseaux sauvages pour se nourrir et divers autres animaux, comme le loup, le renard et le renne pour leur peau et leur fourrure. De plus, ils ramassent des coquillages, des œufs d'oiseaux, des noix, des petits fruits et des champignons sauvages. L'hiver, le gibier se fait rare, et plus rien ne pousse; les Vikings manquent alors de nourriture et parfois meurent de faim.

La maison et le foyer

Une demeure viking est généralement dotée de murs bien épais qui protègent du froid. Elle comprend une grande pièce où les membres de la famille vivent jour et nuit. Au milieu, il y a un feu qui brûle en permanence, servant à chauffer la maison et à cuisiner. La maison viking est donc souvent enfumée. Dans bien des cas, on trouve une remise et un atelier à proximité, de même qu'une étable.

La maison viking compte peu de mobilier, exception faite d'une table en bois, de bancs ou de tabourets et de quelques coffres de rangement. Les femmes gardent les clés des coffres.

FABRIQUE UN COFFRE DE VIKING

Transforme une boîte à chaussures en coffre de rangement pour tous tes trésors. Chez les Vikings, ouvrir un coffre sans autorisation est un crime sévèrement puni.

IL TE FAUDRA :
COMPAS • CRAYON À MINE • BOÎTE À CHAUSSURES • RÈGLE • CARTON MINCE DE 59,4 X 84 CM • CISEAUX • COLLE • GOUACHE BRUNE • PINCEAU • CARTON OR • MARQUEUR NOIR

1

À l'aide de la règle et du compas, sur le carton, trace deux demi-cercles de la même largeur que la boîte à chaussures.

2

Agrandis l'arc du compas et trace autour de chaque demi-cercle un autre demi-cercle un peu plus grand. Découpe le carton autour du plus grand demi-cercle.

3

Avec des ciseaux, fais des entailles sur les demi-cercles. Sur le carton, dessine un rectangle de la même longueur que la boîte à chaussures et de 2,5 fois sa largeur.

4

Découpe le rectangle ainsi obtenu. Colle la partie dentelée d'un demi-cercle le long de chaque largeur du rectangle, une entaille à la fois.

5

Peins la boîte à chaussures et son nouveau couvercle. Garnis le tout de bandes de carton or. Colle le rabat du couvercle au dos de la boîte à chaussures.

Colle sur ton coffre un petit carré de carton or orné d'un trou de serrure. Décore les bandes au marqueur noir.

▼

7

LES CONQUÉRANTS DU NORD

L'image de la **tapisserie de Bayeux** montre des guerriers **normands** s'apprêtant à envahir l'Angleterre à bord de leurs vaisseaux de guerre.

Pour soutirer de l'argent aux autres nations, les Vikings menacent d'y mener un raid. Les sommes ainsi versées sont appelées *danegeld*. Lorsqu'un roi étranger refuse de verser le tribut exigé, les envahisseurs vikings attaquent ses terres. Tout *jarl* ou roi viking a le pouvoir de lever une armée de paysans (ou *lid*) qui agit sous ses ordres. Le guerrier doit faire preuve d'une loyauté sans faille envers ses frères d'armes. En contrepartie, il peut partager le butin obtenu et se trouve protégé des armées rivales.

Ce casque est conçu pour protéger la tête et le nez. Le cimier soudé à la partie supérieure protège le cerveau contre les coups.

DES GUERRIERS DÉCHAÎNÉS
Toute armée viking comprend un bataillon de soldats très féroces, appelés *berserkers* (mot qui signifie « vestes d'ours »). Ces guerriers portent en effet des vêtements faits de peaux d'ours qui, selon leurs croyances, leur confèrent des pouvoirs magiques. Ils font grimper leur niveau d'agressivité avant d'aller au combat, hurlant comme des forcenés et mordant dans leurs boucliers.

BRAVOURE ET CONVICTION
Tout homme ou femme qui fait preuve de force et de courage suscite l'admiration des Vikings. Pendant que les hommes sont partis, les femmes vikings s'occupent de la ferme et défendent leurs terres contre les attaques. Bon nombre de guerriers vikings ne reviennent pas, car ils tombent au combat ou… à la mer! Le peuple viking apprend à affronter la mort avec bravoure. Les poètes vikings disent à cet égard que « Le bétail périt, les parents disparaissent, nous devons tous mourir un jour. »

PORTE UN CASQUE DE *JARL*

Les *jarls* portent un solide casque en métal qui, tout en leur protégeant la tête, effraie l'ennemi. Personne ne te reconnaîtra sous ce protège-nez!

IL TE FAUDRA :
BALLON • PAPIER JOURNAL • MÉLANGE DE COLLE BLANCHE (TROIS MESURES DE COLLE POUR UNE MESURE D'EAU) • CISEAUX • CARTON ÉPAIS • CRAYON À MINE • COUTEAU DE PRÉCISION • COLLE • PEINTURE ET PINCEAUX

1

Gonfle le ballon. Trempe des lanières de papier journal dans le mélange de colle. Colle-les ensuite, en pressant, contre la moitié supérieure du ballon.

2

Superpose ainsi plusieurs couches de papier mâché. Laisse le tout sécher. (Il faudra peut-être attendre plusieurs heures.)

3

Fais éclater le ballon, puis retire les débris. À l'aide de ciseaux, découpe proprement le pourtour du casque ainsi obtenu.

4

Sur le carton, dessine une pièce protégeant à la fois les yeux et le nez. Demande à un adulte de la découper au couteau.

5

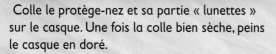

Colle le protège-nez et sa partie « lunettes » sur le casque. Une fois la colle bien sèche, peins le casque en doré.

Si tu veux un casque vraiment brillant, demande à un adulte de le peindre à l'aérosol. Assure-toi cependant de le faire à l'extérieur!

BATEAUX-DRAGONS

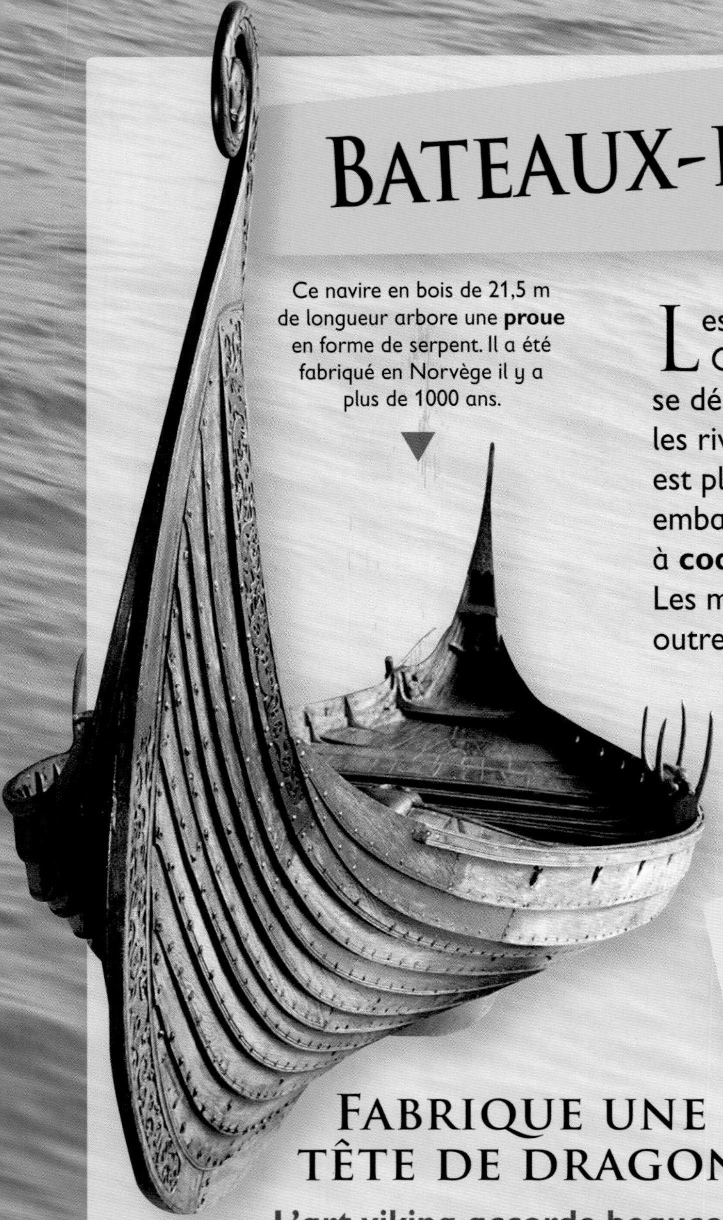

Ce navire en bois de 21,5 m de longueur arbore une **proue** en forme de serpent. Il a été fabriqué en Norvège il y a plus de 1000 ans.

Les Vikings occupent des terres sauvages et inhospitalières. Comme il y a peu de routes et de ponts, il est difficile de se déplacer par voie terrestre. Voyager en bateau en suivant les rivières, en contournant les côtes ou en traversant l'océan est plus facile et plus rapide. Ils construisent donc de petites embarcations légères pour longer les côtes et de gros bateaux à **coque** profonde, appelés *knarr*, pour leurs longs périples. Les marchands vikings transportent leur marchandise outre-mer dans ces *knarrs*. Pour faire leurs incursions, les Vikings construisent des vaisseaux de guerre élancés. Les plus gros sont les drakkars, mot qui signifie « bateau-dragon ».

IL TE FAUDRA :
PAPIER CALQUE • CRAYON À MINE • RÈGLE • CARTON DE 59,4 X 84 CM • GOUACHE BLANCHE • GOUACHE NOIRE • PINCEAUX • COUTEAU DE PRÉCISION

FABRIQUE UNE TÊTE DE DRAGON

L'art viking accorde beaucoup de place au dragon, une créature sauvage, féroce et mystérieuse tout comme les célèbres héros vikings.

1

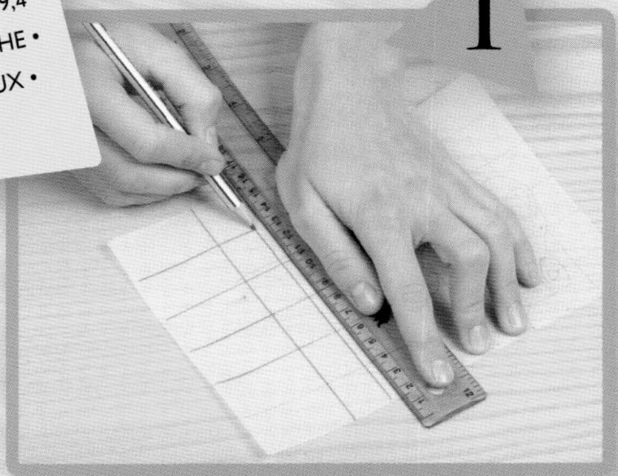

Sur le papier calque, dessine une grille composée de carrés de 2 cm de côté. Place cette grille sur la sculpture de dragon illustrée à gauche. Décalque le dragon.

3

Cette créature féroce sculptée dans le bois a été trouvée dans le bateau photographié ci-dessus. Des sculptures similaires sont placées à la proue des vaisseaux de guerre vikings.

Copie l'élément qui figure dans chaque carré de la petite grille dans le carré correspondant de la grande grille.

UN GÉNIE MARITIME

Le plus grand drakkar qui a été découvert mesure 30 m de longueur et 3,7 m de largeur. Peu importe leurs dimensions, les bateaux vikings sont faits de planches de bois qui se chevauchent. De gros clous en fer les maintiennent à une solide et forte **quille**, la « colonne vertébrale » du navire. Les **mâts** proviennent de longs troncs de pin. On ajoute aussi un gouvernail à la **poupe**.

DE GRANDS MARINS

Il faut environ 120 hommes, soit deux par rame, pour faire avancer un gros drakkar. Les navires vikings sont dotés d'une coque profilée qui leur permet de voguer sur les fortes vagues plutôt que d'y plonger. Ils évitent ainsi de prendre l'eau et de faire naufrage. Les Vikings sont fiers de leurs bateaux, auxquels ils donnent des noms splendides comme « Long Serpent ».

Installe ta tête de dragon au-dessus de ton lit ou à côté de la porte de ta chambre.

2

Sur le carton, dessine une grande grille composée de carrés de 10 cm de côté. Cette deuxième grille doit compter le même nombre de carrés que la précédente.

4

Mélange les deux gouaches pour obtenir du gris. Peins la tête de dragon, puis laisse-la sécher.

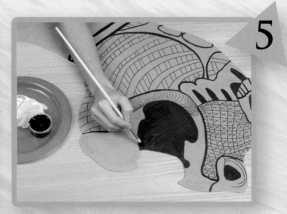

5

Demande à un adulte de découper la tête de dragon. Dessine ensuite divers détails, comme les yeux. Retrace ces détails avec un pinceau trempé dans la gouache noire.

ARMES ET ARMURES

Les Vikings combattent généralement à pied. Les guerriers sautent sur la rive ou s'alignent derrière leur chef, puis ils chargent! Souvent, ils projettent d'abord une seule lance avant d'attaquer. Ils annoncent ainsi à l'ennemi qu'ils tueront tous ses hommes au nom du dieu viking de la guerre, Odin.

Un combattant viking doit se procurer son armure et ses armes... ou les prendre à l'ennemi! L'homme à gauche porte une cotte de mailles. ▶

LE SAVAIS-TU?
JORUND LE TAUREAU, ÉRIC À LA HACHE SANGLANTE, EDMOND II CÔTE DE FER, KETIL AU NEZ PLAT... LES VIKINGS ET LEURS ROIS PORTENT DES NOMS EFFRAYANTS INSPIRÉS DE LEUR APPARENCE.

DES ARMES SOUS LA MAIN
Au combat, les Vikings disposent de divers types d'armes. Ils accordent cependant leur préférence aux longues épées acérées et à la lourde hache. En **combat rapproché**, elles leur permettent de frapper, de poignarder et d'assommer l'ennemi. Si les rangs ennemis sont trop loin, les soldats peuvent aussi projeter des lances et tirer des flèches de leurs arcs puissants. Les épées, les haches et les pointes de lance et de flèche sont toutes en fer. Les arcs et les fûts de lance sont en bois. Les meilleures armes sont ornées d'or et d'argent véritables. Elles portent même parfois un nom, par exemple « Mord-Jambe ».

Le porte-drapeau transporte une bannière accrochée au bout d'une **hampe**, ce qui permet aux combattants vikings de savoir où se trouvent leurs chefs et de les suivre. ▼

L'HABIT FAIT LE GUERRIER
Pour se protéger au combat, le simple guerrier revêt une épaisse cape en cuir et une **tunique**. Les rois, chefs d'armée et autres guerriers importants portent plutôt un casque en fer et une armure en cotte de mailles faite de centaines d'anneaux de fer reliés entre eux. Les guerriers transportent aussi un bouclier rond en cuir et en bois, renforcé de fer. Ils peuvent ainsi se protéger des épaules aux genoux.

FABRIQUE UNE BANNIÈRE DE GUERRE

Les guerriers vikings portent leur bannière bien haut durant le combat. Celle-ci est souvent ornée de dessins d'animaux féroces.

IL TE FAUDRA :
CARTON BLANC DE 59,4 X 84 CM • CRAYON À MINE • RÈGLE • CRAYON FEUTRE NOIR • GOUACHE BLANCHE • GOUACHE BLEUE • PINCEAUX • CISEAUX • RUBAN ADHÉSIF DOUBLE FACE • TIGE DE 1 M.

1

Dessine un rectangle de 44 x 58 cm sur le carton. Dans le sens de la longueur, inscris un repère à la moitié. Vis-à-vis de ce repère, inscris un point à un tiers de la largeur.

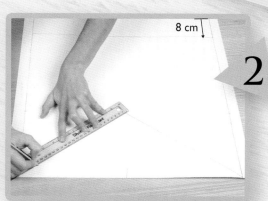

2

8 cm

Trace une ligne depuis chacun des coins gauche et droit jusqu'au point. Trace ensuite une marge de 8 cm à l'opposé (soit dans le sens de la longueur du rectangle).

3

Dans la marge ainsi faite, trace huit lignes horizontales à intervalles réguliers. Copie le sanglier dessiné sur la bannière illustrée ci-dessous.

4

Au feutre noir, repasse sur le contour du sanglier et de la bannière, de même que sur la marge. Peins l'arrière-plan en bleu.

5

Découpe la bannière. Aux ciseaux enlève un carré de marge sur deux. Fixe les carrés qui restent autour de la tige.

Tu peux reproduire ton dessin au verso de ta bannière, afin qu'elle soit aussi belle des deux côtés. ▶

EXPLORATEURS ET COLONS

Les colons travaillent dur pour se bâtir un toit en terre inconnue. Ils doivent aussi construire des bateaux pour aller à la pêche.

Audacieux, les explorateurs vikings parcourent de longues distances en mers étrangères. Ils cherchent de nouvelles marchandises à vendre et des terres fertiles. Certains espèrent aussi découvrir de nouveaux royaumes à gouverner, loin de leurs rivaux au sein de la mère patrie.

VERS L'OUEST!

En l'an 795 de notre ère, les Vikings quittent la Norvège pour aller vers l'ouest, et s'installent en Écosse et en Irlande. Ils atteignent ensuite l'Islande (en 870) puis le Groenland (en 983). De là, ils traversent l'Atlantique pour atteindre ce qu'ils baptisent la « Terre de vignes » ou Vinland (aujourd'hui Terre-Neuve, au Canada), vers l'an 1000.

LE SAVAIS-TU?
LES NAVIGATEURS SAVENT QU'ILS APPROCHENT DE LA RIVE LORSQU'ILS VOIENT DES ALGUES, DES OISEAUX ET DES ICEBERGS... OU QU'ILS SENTENT L'ODEUR DES MOUTONS!

D'AUTRES AVENTURES

Vers l'an 750 de notre ère, les Vikings de Suède se dirigent vers l'est afin d'établir des forteresses et des camps en Russie. À partir de l'an 860, les Vikings du Danemark commencent à peupler le nord et l'est de l'Angleterre. Ils y dirigent un royaume jusqu'à l'an 1042. Certains grands colons sont des femmes. Aude à l'esprit profond, par exemple, est la fille et l'épouse de grands chefs. Vers l'an 880, elle emmène son clan en Islande.

Les bateaux qui transportent les explorateurs et les colons sont dotés d'une girouette, fixée au mât ou à la proue.

FABRIQUE UNE GIROUETTE

Les Vikings équipent leurs bateaux de girouettes grâce auxquelles ils peuvent connaître la direction du vent. Sers-toi de carton à fini métallique pour fabriquer une superbe girouette.

IL TE FAUDRA :
PAPIER CALQUE DE 21 X 29,7 CM • CRAYON À MINE • CARTON À FINI MÉTALLIQUE DORÉ • COUTEAU DE PRÉCISION • PLANCHE DE TRAVAIL • MARQUEUR NOIR À POINTE FINE

1 À l'aide de papier calque, copie la girouette illustrée à la page 14. Commence par faire un tracé pâle, puis repasse sur les lignes en appuyant plus fort sur le crayon.

2 Reporte ton tracé sur le carton à fini métallique doré. Presse bien fort pour le graver sur le carton.

3 Demande à un adulte de découper ta girouette au couteau, en s'installant sur une planche de travail.

4 À l'aide du feutre à pointe fine, ajoute divers ornements au cheval et au cadre de la girouette.

Tu peux fixer ta girouette à une tige, à l'aide de ruban adhésif. Tu peux aussi la placer à la fenêtre à l'aide de gommette. ▶

ARTISANS ET NÉGOCIANTS

Le territoire viking comprend plusieurs villes commerçantes fort prospères. Les plus connues sont Hedeby (Danemark), Birka (Suède), York (Angleterre) et Dublin (Irlande). Il s'agit de villes conçues, possédées et protégées par des rois vikings. Des artisans très habiles y vivent et y travaillent, fabriquant de superbes armes en fer, des bijoux en or et en argent, de délicats peignes en ivoire, des étoffes brodées et du mobilier en bois finement sculpté.

▲

Gravure viking sur bois :
un forgeron (à gauche) tient dans des pinces un morceau de fer rougi par le feu et le martèle pour le façonner. Son aide attise avec un soufflet le feu qui sert à chauffer le fer.

IL TE FAUDRA :
COMPAS • 2 COUVERCLES EN PLASTIQUE • FICELLE • CISEAUX • PAILLE EN PLASTIQUE

FABRIQUE UNE BALANCE DE MARCHAND

Les marchands transportent un ensemble de balances et de poids qui leur permet d'estimer la valeur des pièces de monnaie de diverses provenances.

▲

Balance de marchand itinérant :
Le marchand tient la balance d'une main, puis il dépose des pièces en argent dans un plateau et des poids dans l'autre. Une fois que la barre horizontale est de niveau, il peut dire combien pèsent les pièces.

1

À la pointe du compas, fais quatre petits trous à distance égale, sur le pourtour de chaque couvercle.

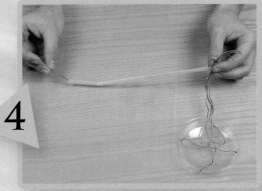

4

Coupe un autre bout de ficelle de 25 cm de longueur. Noue-le à un des nœuds fait au-dessus d'un des couvercles. Passe ensuite cette ficelle dans la paille.

MARCHANDISE ET MARCHANDS

Des marchands itinérants sillonnent les villes vikings afin d'y offrir des produits de luxe fabriqués à l'étranger. Les riches clients vikings recherchent le verre fabriqué en Allemagne, les vins de France et les soieries d'Asie. Les guerriers vikings emmènent aussi des prisonniers, qu'ils vendent comme esclaves dans les villes. Les Vikings font faire diverses tâches à leurs esclaves; ils leur enseignent parfois un métier. Par exemple, certains esclaves tissent la laine continuellement, tous les jours.

LE MARCHÉ LOCAL

À la campagne, les paysans vikings et leurs familles vont généralement **troquer** les produits de la ferme contre d'autres marchandises locales, comme du miel, de la cire, du poisson séché, des seaux en bois, des paniers d'osier, des clous en fer, des billes d'ambre et de robustes chaussures en cuir. Il est rare que les gens du peuple paient en espèces. Il arrive cependant qu'ils aient des fragments d'argent à offrir en échange.

2

Prépare huit bouts de ficelle de 25 cm de longueur chacun. Passe un bout de ficelle dans chaque trou et fixe-le en place en faisant un nœud.

3

Regroupe les quatre bouts de ficelle de chaque couvercle et noue-les ensemble, à leur extrémité.

5

Tends bien la ficelle hors de la paille puis noue-la à l'autre nœud fait au-dessus de l'autre couvercle. Prépare une dernière ficelle qui servira à tenir la balance et fixe-la au milieu de la paille avec du papier adhésif.

Tiens ta balance par la ficelle nouée à la paille et essaie de peser divers petits objets!

17

VÊTEMENTS ET BIJOUX

Les Vikings doivent porter plusieurs couches de vêtements chauds pour se protéger des froids de l'hiver et durant leurs longs voyages sur les mers glaciales. Ils aiment aussi avoir belle apparence et faire valoir leur richesse et leur **rang** social; ils rehaussent donc leurs vêtements de broderie et y ajoutent de lourds ornements en métal.

Broche en or massif (à gauche) fabriquée pour un chef viking très riche, à côté d'un lourd anneau de bras en argent, porté par un guerrier viking

TISSUS ET FIBRES

Les Vikings bien nantis portent de beaux habits en lainages teints de couleurs vives ou en soie et lin très doux. Ils les doublent de fourrure et les ornent de galons ou de broderie. Les pauvres s'habillent de vêtements en toile épaisse et rugueuse, ou en laine domestique grossière. D'habiles artisanes vikings fabriquent une étoffe très douce et soyeuse, à partir de fibres d'ortie filées et tissées.

Ce riche Viking porte une chaude toque de fourrure, une épaisse cape en laine et des bottes en cuir doublées de fourrure.

LE SAVAIS-TU?

LES VIKINGS, HOMMES ET FEMMES, PRENNENT UN BAIN AU MOINS UNE FOIS PAR SEMAINE, GÉNÉRALEMENT LE SAMEDI. IL S'AGIT EN FAIT D'UN BAIN DE VAPEUR (SAUNA). CETTE HABITUDE FASCINE ALORS LES ANGLAIS, QUI SE LAVENT MOINS FRÉQUEMMENT.

LA TENUE VIKING

Les hommes portent une tunique à hauteur du genou, attachée à la taille par une ceinture, par-dessus un gilet de corps et un pantalon ample. Par temps froid, ils enfilent en plus une cape épaisse et un chapeau. Les femmes portent une longue robe sous un tablier maintenu par des broches. Par temps froid, elles se drapent dans un gros châle. La femme mariée revêt généralement une cape à capuchon, ses longs cheveux étant relevés en chignon. Chez les Vikings, les hommes comme les femmes se dessinent un trait de crayon autour des yeux afin d'attirer l'attention sur leur regard.

TEINS UN VÊTEMENT COMME LES VIKINGS

Les Vikings utilisent des baies et divers végétaux pour teindre le tissu de couleurs magnifiques. Mille ans plus tard, leur technique de teinture végétale sert toujours!

1

Coupe les betteraves en morceaux et dépose-les dans une marmite à demi remplie d'eau froide. Prends soin d'enfiler des gants en caoutchouc.

2

Plonge le ruban et le t-shirt en coton dans la marmite. Demande à un adulte de porter l'eau à ébullition. Laisse mijoter environ une heure, en remuant de temps à autre.

3

Une fois le tout refroidi, verse-le dans le tamis. Retire le t-shirt et le ruban des morceaux de betterave.

4

Rince bien le t-shirt et le ruban avant de les suspendre pour les faire sécher. Lorsque le ruban est sec, peins-y un motif d'inspiration viking.

5

Une fois la peinture et le tissu bien secs, colle (ou couds) le ruban sur le t-shirt.

Ton t-shirt teint et orné à la façon des Vikings te donnera fière allure! (N'oublie pas que cette teinture n'est pas « solide », c'est-à-dire qu'elle peut déteindre au lavage. Lave toujours ton t-shirt viking séparément.)

ALIMENTS ET BOISSONS

Les Vikings mangent deux fois par jour : soit tôt le matin, et le soir, une fois leur journée de travail terminée. La nourriture est plutôt simple, quoique les Vikings aiment bien festoyer à des occasions spéciales, comme une noce ou le jour de Yule, qui correspond au solstice d'hiver.

Illustration d'une fête de guerriers normands, où l'on peut voir des couteaux et des assiettes sur la table et deux hommes en train de boire dans un bol (à gauche).

Les Vikings utilisent des cornes d'animaux pour fabriquer des récipients à boire. Comme il est impossible de les déposer sur la table sans en renverser le contenu, elles ne servent qu'aux fêtes et aux grandes occasions.

LA BONNE TABLE

Les repas sont essentiellement composés de céréales. On fait bouillir l'avoine pour obtenir une sorte de gruau. On broie l'orge et le seigle pour en tirer de la farine, que l'on mélange avec de l'eau et que l'on fait cuire en « pain plat ». Les Vikings aiment aussi viandes et poissons, qu'ils font cuire en ragoût ou à la broche. Ils transforment le lait en beurre et en fromage, le sang des bêtes en boudin, et les gousses d'ail et la moutarde en relish épicée. L'hiver, ils mangent de copieux ragoûts de légumes et de la soupe aux pois bien chaude. L'été, ils se délectent de fruits frais et de toutes sortes de baies sauvages, cueillies dans la forêt. Ils boivent de l'eau, mais aussi du lait et un type de bière à base d'orge.

USTENSILES PRATIQUES

Les Vikings mangent dans des assiettes en bois ou dans des bols en pierre à savon. Ils coupent et piquent leurs aliments avec un couteau. Ils ont aussi des cuillers, taillées dans le bois ou dans une corne de chèvre. Les pauvres boivent dans des gobelets ou des bols en bois, alors que les riches boivent dans des gobelets en verre ou des coupes en argent, parfois même dans une longue corne à boire. Ce sont les femmes qui font la cuisine et qui s'occupent de conserver la nourriture pour l'hiver. Elles salent viandes et poissons et les suspendent au-dessus du feu pour les fumer. Elles se servent de glace pour congeler certains aliments.

SAVOURE DU JUS DE POMME À LA VIKING

Sucré et bien chaud, le jus de pomme n'a pas seulement bon goût; il est aussi réconfortant! Avec l'aide d'un adulte, prépare une bonne tasse que tu pourras savourer à petites gorgées, comme un Viking!

IL TE FAUDRA :
2 POMMES • COUTEAU • 500 ML D'EAU • (1 C. À THÉ) DE MIEL LIQUIDE • CASSEROLE • TAMIS • CUILLER EN BOIS • TASSE À MESURER RÉSISTANTE À LA CHALEUR • GRANDE TASSE

1 Lave bien les pommes. Demande à un adulte d'en retirer le cœur et les pépins. Coupe-les ensuite en tranches minces.

2 Dépose les tranches de pomme, l'eau froide et le miel dans la casserole.

3 Demande à un adulte de faire chauffer le mélange, en remuant constamment jusqu'à ce qu'il atteigne le point d'ébullition. Retire alors le tout du feu.

Avant de prendre ta première gorgée, dis bien fort « À votre santé » comme l'auraient fait les Vikings! ▶

4 Demande à un adulte de filtrer le mélange au tamis en le versant dans la tasse à mesurer. Lorsqu'il a légèrement refroidi, verse-le dans une tasse et bois quelques bonnes gorgées!

21

Sports, jeux et musique

Les Vikings adorent pratiquer des sports, jouer à des jeux de société et raconter des histoires. Les activités sportives sont de bonnes occasions de faire valoir sa force, sa forme physique et ses aptitudes. Bon nombre de sports représentent un excellent entraînement pour les futurs guerriers. Les jeux d'été des Vikings comprennent la natation, la lutte, la course, le saut et l'haltérophilie. L'hiver, les hommes, petits et grands, vont sur les lacs et les rivières gelés et jouent à ce qui ressemble au hockey sur glace. Les Vikings jouent pour gagner, si bien qu'il n'est pas rare que les adversaires finissent la partie blessés. Les Vikings aiment aussi assister à des combats violents entre animaux, particulièrement ceux de chevaux.

Deux Vikings luttent avec acharnement. Il arrive souvent que le perdant soit grièvement blessé.

Joue au *Hneftafl*

Dans ce jeu qui signifie « la table du roi », un joueur doit protéger le roi contre l'armée beaucoup plus imposante de son ennemi !

IL TE FAUDRA : CARTON ONDULÉ • CRAYON À MINE • RÈGLE • CRAYON FEUTRE ROUGE • MARQUEUR NOIR • ARGILE SANS CUISSON • OUTIL À MODELER • 24 GROSSES PERLES BLEUES • 12 GROSSES PERLES BLANCHES

1

Sur le carton, trace un carré de 27,5 cm de côté. Sur chaque côté, marque 11 points de repère à intervalles de 2,5 cm.

En plus de divertir, les jeux de société aident les guerriers vikings à améliorer leurs stratégies de raids et de combats.

3

Sur du papier brouillon, exerce-toi à faire divers motifs d'inspiration viking. Reproduis tes préférés dans les cases colorées.

JEUX INTÉRIEURS

Parmi les jeux plus tranquilles figurent les jeux de société, les dés et les osselets. Les enfants s'amusent avec des bateaux et des chevaux miniatures, des poupées, des toupies et des armes en bois. Les guerriers vikings aiment aussi danser, faire des acrobaties et jongler, parfois avec de véritables poignards!

AUTOUR DU FEU

Lors de festins et de longues soirées d'hiver, les familles vikings et leurs invités aiment s'asseoir autour du feu pour écouter quelqu'un raconter des histoires ou jouer de la musique. Le chant et la danse se font au son de la harpe, de la **lyre**, de sifflets et de tambours. Les rois et les chefs de clan paient parfois des poètes pour composer des chants qui vantent leurs exploits. Des artistes professionnels vont aussi de village en village, **récitant** des poèmes et racontant leurs histoires.

Place tes pions comme suit pour commencer la partie.
▼

2

Relie les points en ligne droite, afin d'obtenir un damier. Colorie les quatre cases des coins et celle du milieu en rouge.

4

Façonne un boudin d'argile de 2 cm de long pour faire un roi. Utilise un outil à modeler pour sculpter un visage et une barbe.

RÈGLE DU JEU
POUR DEUX JOUEURS

L'objectif de l'armée des pions blancs consiste à amener le roi jusqu'à l'une des quatre cases en coin. Celui de l'armée des pions bleus consiste à capturer le roi. Le jeu se termine dès que l'une des deux armées a atteint son objectif. Les pions se déplacent horizontalement ou verticalement tant qu'il n'y a aucun pion pour bloquer le passage. Seul le roi peut se déplacer jusqu'à une case colorée. Pour capturer une pièce ennemie, on l'encercle de deux côtés (voir ci-dessous) ou on la coince entre une pièce et un coin. Un même mouvement peut permettre de prendre plus d'une pièce. L'armée des pions bleus commence. Au jeu!

EXEMPLE
Si le pion noir arrive ici, les deux pions blancs sont coincés de chaque côté. Les pions noirs peuvent donc les capturer.

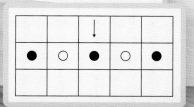

DIEUX ET HÉROS

Les Vikings **vénèrent** de nombreux dieux et déesses. Odin est leur dieu de la guerre. Les Vikings voient en lui un être sage, cruel et mystérieux qui peut prédire l'avenir. Les rois et les guerriers sollicitent sa protection. Thor, dieu du tonnerre, est fort, mais stupide. Il affronte les géants, décide du temps qu'il fera et protège les fermiers. Freyr et sa sœur, Freyja, sont des êtres généreux, source de fécondité. Les Walkyries sont les déesses du ciel; volant au-dessus des champs de bataille, elles emmènent les âmes des hommes valeureux morts au combat au paradis des guerriers, appelé Walhalla.

◄ Statuette en métal de la déesse Freyja.
Les Vikings croient qu'elle accorde force et santé
aux humains, aux animaux et aux plantes.

LE SAVAIS-TU?
LE MOT ANGLAIS
THURSDAY (JEUDI)
VIENT DE
« JOUR DE THOR »,
UN JOUR DÉDIÉ
À L'UN DES DIEUX
VIKINGS.

ESPRITS, MONSTRES ET HISTOIRES
Les Vikings croient aux elfes, aux géants, aux **trolls** et à d'autres esprits de la nature. Ils adorent les histoires où l'on retrouve des dieux, des monstres, des héros, et toutes sortes d'aventures. Bon nombre de leurs histoires racontent comment la fin du monde – y compris celle des dieux – surviendra à l'occasion d'un terrible combat final, appelé *Ragnarök*.

SAVOIR PLAIRE AUX DIEUX
Croire en des dieux aide les Vikings à affronter leurs conditions de vie rudes et difficiles. Ils prient avant de partir au combat ou d'entreprendre une longue expédition. Ils leur donnent à boire et à manger afin qu'ils exaucent leurs vœux. Ils leur offrent aussi des **sacrifices** d'animaux dans des temples en bois.

▲
Les Vikings, hommes et femmes, aiment bien porter
des amulettes (porte-bonheur). Elles ont souvent
la forme du marteau magique qu'utilise le dieu Thor
pour combattre les monstres et les géants.

MOULE UN MARTEAU DE THOR

Les forgerons vikings coulent le métal fondu dans des moules afin d'obtenir des objets de formes variées. Fais comme eux… avec du plâtre de Paris!

IL TE FAUDRA :
PÂTE À MODELER (TYPE PLASTICINE) • RÈGLE • OUTILS À MODELER • CAPUCHON DE STYLO • UN PEU DE PLÂTRE DE PARIS PRÉPARÉ (SUIVRE LES INDICATIONS DE L'EMBALLAGE)

1

Prépare un rectangle de pâte à modeler. Presse les côtés du bloc obtenu contre une règle afin qu'ils soient lisses et droits.

2

À l'aide d'un outil à modeler, creuse une forme de marteau dans la pâte à modeler. Prends garde de ne pas perforer le moule!

3

Presse le capuchon de stylo au fond du moule afin d'y faire de petits cercles qui orneront le marteau.

4

En suivant les directives sur l'emballage, mélange le plâtre de Paris. Remplis le moule jusqu'au bord.

5

Une fois le plâtre complètement sec, retire délicatement la pâte à modeler qui l'entoure. Ton amulette est prête!

Tu peux utiliser de la peinture dorée ou argent pour donner un aspect métallique à ton amulette. ▶

TRÉSORS ENFOUIS

Les Vikings croient que l'esprit d'une personne survit après sa mort. Les guerriers et les femmes non mariées vont alors au paradis, aux côtés d'Odin et de Freyja. Les personnes âgées ou malades se retrouvent dans un royaume glacial dirigé par Hel, une déesse lugubre et épeurante. L'âme des gens du peuple reste près de leur tombe et revient parfois hanter les vivants.

LA VIE APRÈS LA MORT

Au début de l'ère viking, on incinère le corps des défunts. Les Vikings croient que les flammes permettent à l'esprit de se libérer du corps. Avant la crémation, on place près du défunt tout ce dont il peut avoir besoin dans l'au-delà : vêtements, armes, bijoux et aliments. Il arrive même qu'on tue des esclaves afin qu'ils puissent accompagner leur maître dans la mort et l'y servir. Une fois les corps incinérés, on disperse les cendres ou on les enterre dans des urnes en poterie.

Parfois, on entourait les cendres ou le corps des défunts vikings de pierres disposées en forme de bateau.

Cette coupe en argent fait partie d'un vaste trésor enterré aux côtés du roi Gorm du Danemark, en l'an 958 de notre ère.

LE SAVAIS-TU?
LES VIKINGS ENTERRENT LEURS TRÉSORS POUR LES METTRE EN LIEU SÛR. OR, IL LEUR ARRIVE SOUVENT DE MOURIR OU D'ÊTRE TUÉS AVANT DE LES RÉCUPÉRER. BEAUCOUP DE CES TRÉSORS ONT ÉTÉ TROUVÉS LONGTEMPS APRÈS L'ÉPOQUE DES VIKINGS.

DES MESSAGES DU PASSÉ

Aux environs de l'an 850 de notre ère, la plupart des Vikings cessent d'incinérer leurs morts. Les notables sont enterrés à bord d'un véritable bateau ou dans un cercueil en bois qui en a la forme. Les autres sont mis dans une fosse creusée dans le sol. Bon nombre des objets enterrés dans ces tombes sont parvenus jusqu'à nous. Les biens ainsi trouvés ont permis aux **archéologues** d'apprendre beaucoup de choses sur la façon de penser, l'art et le savoir-faire des Vikings.

FABRIQUE UN GOBELET DE GORM L'ANCIEN

Fais une coupe en argent comme celle des Vikings. Mets-toi dans la peau d'un orfèvre viking lorsque tu crées des motifs en pressant sur le papier d'aluminium.

IL TE FAUDRA :
PAPIER D'ALUMINIUM • RUBAN ADHÉSIF DOUBLE FACE • PAPIER CALQUE • CRAYON À MINE • GOUACHE NOIRE • BOULE DE OUATE • VERRE EN PLASTIQUE

Découpe trois rectangles de papier d'aluminium assez grands pour faire le tour du verre. Utilise du ruban adhésif double face pour les coller les uns sur les autres.

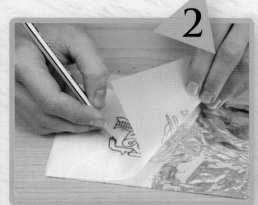

Reporte le motif de la page 26 sur le papier calque. Dépose le papier calque sur le papier d'aluminium. À l'aide d'un crayon à mine bien taillé, repasse sur chaque trait.

Enduis le papier d'aluminium de gouache noire. Éponge ensuite la gouache avec un morceau d'ouate.

Coupe le verre en plastique de manière à ce qu'il soit juste un peu moins haut que ton motif sur papier d'aluminium.

Presse le papier d'aluminium autour de la coupe. Fixe bien les bordures à l'aide de ruban adhésif double face. Replie l'excédent de papier d'aluminium autour du rebord.

Tu ne peux pas utiliser ta coupe pour boire, mais elle peut servir à ranger des stylos et des crayons. ▶

27

STÈLES GRAVÉES ET RUNES

Les Vikings se servent d'une écriture ancienne. Chaque lettre, appelée « rune », est composée de lignes droites ou diagonales, plus faciles à graver dans la pierre ou le bois que des signes arrondis. On a retrouvé plus de 2 500 **inscriptions** vikings en runes. Certaines sont de simples étiquettes qui permettent d'identifier le propriétaire d'un objet. D'autres correspondent à des lettres ou des messages. On a aussi trouvé des formules magiques. Les plus sophistiquées sont souvent sur des stèles, érigées par des familles en souvenir d'un défunt ou par des personnes désireuses de faire valoir leurs exploits. Certaines pierres ne portent que des runes, tandis que d'autres sont également ornées de dessins inspirés des mythes et légendes vikings.

Pierre gravée datant de l'époque viking.
On y voit deux serpents (en haut) et deux dragons,
de même que des runes sur le pourtour.

Un Viking a gravé l'alphabet runique
sur ce morceau de pin. De l'autre côté,
on a inscrit une formule magique.

ÉCRIS TON NOM EN RUNES

Apprends à écrire ton nom en runes, puis grave-le sur un morceau de balsa ou de carton. Tu peux aussi faire un écriteau que tu offriras à un ami.

IL TE FAUDRA :
BALSA OU CARTON ÉPAIS •
CRAYON À MINE • PAPIER •
MARQUEUR NOIR • BRIN DE
LAINE • RUBAN ADHÉSIF

1

En consultant le tableau de la page 29,
repère les runes qui correspondent aux
lettres de ton nom.

DE TRÈS VIEILLES HISTOIRES

Les historiens ne savent pas combien de Vikings savaient lire et écrire en runes. Leurs histoires se sont transmises oralement de génération en génération pendant des centaines d'années. Bien longtemps après l'ère des Vikings, les savants ont recueilli sur papier toutes ces vieilles histoires, aventures et créations poétiques. On appelle « sagas » les récits ainsi puisés dans l'histoire viking et « eddas » les poèmes de même origine.

F	B	R	K	M	M	Y
A	B	C	D	E	F	

X	H	I	ϟ	<	Γ	M
G	H	I	J	K	L	M

✝	◇	K	◁	P	R
N	O	P	Q	R	S

T	Π	Π	Þ	P	<	Π	Ƨ	Ψ
T	U	V	W	X	Y	Z		

LE SAVAIS-TU?
LES NOTABLES PAYAIENT DES POÈTES APPELÉS « SCALDES », POUR QU'ILS CHANTENT DES POÈMES VANTANT LEURS PROUESSES ET CELLES DE LEURS INVITÉS.

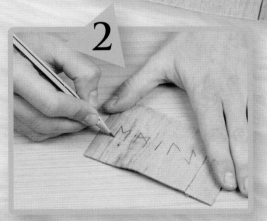

Suspends cet écriteau en runes à la porte de ta chambre.

2 Trace chaque rune sur le balsa ou le carton, en pressant bien fort avec ton crayon.

3 Repasse sur chaque trait au marqueur. Fais ensuite une boucle avec ton brin de laine et fixe-la au dos avec du ruban adhésif.

GLOSSAIRE

archéologue : Personne qui étudie les civilisations anciennes en cherchant des objets ou ossements dans le sol.

colon : Personne qui quitte son lieu d'origine pour s'installer sur de nouvelles terres.

combat rapproché : Combat où les adversaires sont très près les uns des autres, parfois même corps à corps.

coque : Partie d'un bateau formée du fond et des côtés.

hampe : Long manche en bois au bout duquel on peut fixer un drapeau.

inscription : Écrit gravé sur du bois ou une pierre.

jarl : Aristocrate viking agissant comme chef de guerre.

lyre : Instrument de musique à cordes ressemblant à une petite harpe.

mât : Longue pièce de bois dressée sur un bateau pour en soutenir les voiles.

négociant : marchand, commerçant.

Normands : Se dit des Vikings qui ont élu domicile dans le Nord de la France.

poupe : Partie arrière d'un bateau

proue : Partie avant d'un bateau.

quille : Partie très solide d'un bateau située sous la coque, dans le sens de la longueur, et qui sert à l'équilibrer, à la manière d'une colonne vertébrale.

rang : Place qu'une personne occupe dans la société.

réciter : Dire à haute voix quelque chose qu'on a appris par cœur.

sacrifier : Action de tuer un animal ou une personne pour plaire aux dieux.

tapisserie de Bayeux : Bande de tissu de 70 mètres de longueur racontant, en broderie, la bataille de Hastings, survenue en Angleterre en l'an 1066 de notre ère.

troll : Petit monstre viking mignon mais cruel, doté d'une longue barbe. Les Vikings disent que les trolls attaquent les voyageurs.

troquer : Échanger un produit contre un autre de même valeur, sans utilisation d'argent.

tunique : Grande pièce de tissu droite sans manches.

vénérer : Respecter ou adorer un dieu ou une déesse.

INDEX

NOTES AUX PARENTS ET AUX ENSEIGNANTS

- À la bibliothèque ou sur Internet, recherchez des mythes et des légendes vikings au sujet de la création du monde. Discutez du sujet avec les jeunes et invitez-les à créer un album dans lequel ils raconteront, en images, un mythe relatant la création du monde. Ce travail peut être fait en groupe, chaque élève étant chargé d'un épisode.

- Chez les Vikings, les musiciens jouent de la lyre (une sorte de harpe) et utilisent aussi des clochettes à main, des trompettes faites de cornes d'animaux et des sifflets en os. Ils s'accompagnent en agitant des claquettes ou en frappant des mains. Écoutez d'anciens chants vikings accompagnés de lyre; certains parlent, notamment, de la notion de rêve. Apprenez aux enfants à jouer un morceau de musique viking et aidez-les à composer eux-mêmes une chanson ayant le thème du rêve.

- Les Vikings adorent se donner des surnoms. Souvent amusants, ceux-ci peuvent aussi révéler le caractère ou l'apparence de leur titulaire. Demandez aux enfants d'inventer un surnom qu'ils aimeraient recevoir. Vous pouvez aussi les inviter à dessiner des personnages de bande dessinée représentant de « vrais » Vikings dont le surnom est parvenu jusqu'à nous.

- Avec les enfants, informez-vous sur les navires des Vikings. Dessinez une grande carte sur laquelle vous tracerez les itinéraires suivis par les Vikings au cours de leurs explorations. On pourra décorer la carte en y collant des images de navires, de créatures et de monstres marins comme le célèbre calmar géant Kraken. Vous trouverez des dessins de navires vikings sur Internet.

- Il est facile et amusant de fabriquer divers bijoux vikings tout simples. Les enfants peuvent enfiler des billes de verre coloré sur une ficelle pour obtenir un collier à la mode viking. Ils peuvent aussi s'inspirer des motifs ondulés utilisés par les Vikings pour orner une bande de carton ou de cuir, qu'ils transformeront ensuite en bracelet.